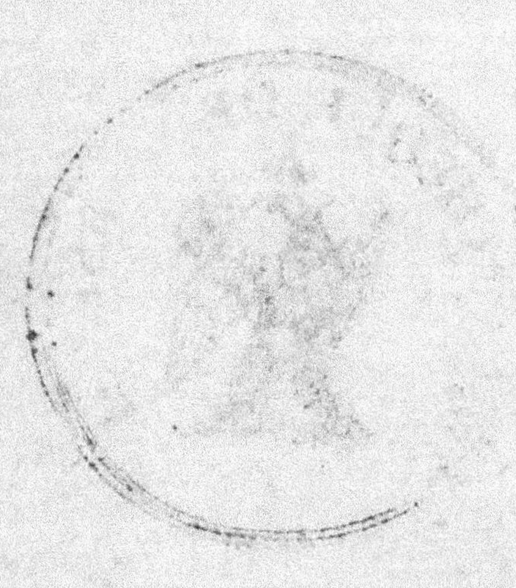

CATALOGUE ET ALMANACH DU GOUT ET DE L'ODORAT;

DONNÉ PAR LA FAYE, MARCHAND,

Aux Armes de Soubise, rue Plâtriere.

A PARIS,

Pour l'Année 1773.

De l'Imprimerie de GRANGÉ, rue de la Parcheminerie.

AVIS

AU PUBLIC.

Sur l'Air : *Du Carillon de Dunkerque.*

EN France, en Chine, en Perse,
En tout lieu, le commerce
Rend l'Etat florissant;
Vive, vive un Commerçant!
Dans certain Port de France
Il vient en abondance,
Des plus lointains pays,
Fruits & parfums exquis :
Un Marchand qu'on renomme
En débite à tout prix.
Voulez-vous savoir comme
Ce fameux port se nomme ?
L'air de cette chanson
Vous dira quel est son nom.

ur l'Air : *Ah! si vous aviez vu M. de Catinat.*

POUR la Commission que de facilité !
La franchise du port, & sa proximité,
Font que notre Fabrique exporte en tous les tems,
Et dans toutes les Cours, au gré des Commettans.

Sur l'Air : *L'occasion fait le larron.*

POUR prévénir la fraude ou la méprise,
Sur tout objet au Public débité,
Du Fabriquant toujours l'adresse est mise,
Achetez donc en sûreté.

Articles principaux du Calendrier pour l'Année 1773.

Comput Ecclesiastique.

Nombre d'Or	7.
Epacte	VI.
Cycle Solaire	18.
Indiction Romaine	6.
Lettre Dominicale	C.

Quatre-Tems.

Mars	3, 5 & 6.
Juin	2, 4 & 5.
Septembre	15, 17 & 18.
Décembre	15, 17 & 18.

Fêtes Mobiles.

Septuagésime	7 Février.
Les Cendres	24 Février.
Pâques	11 Avril.
Rogations	17, 18 & 19 Mai.
Ascension	20 Mai.
Pentecôte	30 Mai.
Trinité	6 Juin.
Fête Dieu	10 Juin.

Le I. Dimanche de l'Avent, 28 Nov.

Commencement des Quatre Saisons.

Le Printems, le 20 Mai.
L'Eté, le 21 Juin.
L'Automne, le 22 Septembre.
L'Hiver, le 22 Décembre.

Les Éclipses.

Il y aura cette année quatre Eclipses, deux de Soleil & deux de Lune. Les deux éclipses de Soleil ne seront pas visibles à Paris La premiere arrivera le 22 Mars; elle ne sera vue que dans l'Asie & dans la partie orientale de l'Europe, où elle paroîtra sur sa fin au lever du Soleil. La seconde arrivera le 16 Septembre; on la verra dans l'Amérique méridionale.

La premiere Eclipse de Lune se fera le 6 Avril, & se verra sur la Mer pacifique, vers le méridien opposé au nôtre. La seconde, le 30 Septembre; elle se verra en Asie & en Afrique: en Europe on la verra vers sa fin.

JANVIER.

Ce Magasin vous offre, pour Etrennes,
Du curieux & du galant,
De l'utile, du surprenant.
Embarrassés du choix, sortez-en les mains pleines.
Dans les cercles répandez-vous,
Et faites votre cour aux Dames :
Souvent par de simples bijoux
On sçait gagner le cœur des femmes.

Signe, LE VERSEAU.

vend.	1 *Circoncis.*	2 D.	17 Antoine
sam.	2 Odilon	lundi	18 Ch. s. Pierre
D.	3 *ste Genev.*	mardi	19 Sulpice
lundi	4 Rigobert	merc.	20 Seb. s. Fab.
mard.	5 Siméon	jeudi	21 Agnès
merc.	6 *Les Rois*	vend.	22 Vincent
jeudi	7 *Noces*	sam.	23 Ildephonse
vend.	8 Lucien	3 D.	24 Thimotée
sam.	9 Julien	lundi	25 Conv. s. P.
1 D.	10 Guillaume	mardi	26 Policarpe
lundi	11 Hygin	merc.	27 J. Chrys.
mardi	12 Satire	jeudi	28 Charlemag.
merc.	13 Hilaire	vend.	29 Fr. de Sal.
jeudi	14 Nom de J.	sam.	30 Batilde
vend.	15 Maur	4 D.	31 Pierre N.
sam.	16 Marc, P.		

FÉVRIER.

Ici l'on vend, dans toutes les Saisons,
Bonnes Confitures, Dragées,
Dans des Boëtes bien arrangées ;
Corbeilles de toutes façons
Pour Fêtes, pour Noce & Baptême.
On y trouve, dans l'hiver même,
Fleurs écloses, fleurs en boutons,
Qu'à leur odeur, quoiqu'artificielles,
Vous prendriez pour naturelles.

Signe, LES POISSONS.

lundi	1	s. Ignace
mardi	2	*Purificat.*
merc.	3	Blaise
jeudi	4	Gilbert
vend.	5	Agathe
sam.	6	les 5 Plaies
D.	7	*Septuag.*
lundi	8	J. de M.
mardi	9	Apolline
merc.	10	Scolastique
jeudi	11	Severin
vend.	12	Eulalie
sam.	13	Etienne
D.	14	*Sexagés.*
lundi	15	Faustin
mardi	16	Honest.
merc.	17	Siméon
jeudi	18	Boniface
vend.	19	Eucher
sam.	20	Sabat
D.	21	*Quinquag.*
lundi	22	Ch. s. Pierre
mardi	23	*Mardi gr.*
merc.	24	*Cendres*
jeudi	25	Matthieu
vend.	26	Meraut
sam.	27	Césaire
1 D.	28	*Quadrag.*

Epacte VI.
Lett. Dom. C.

MARS.

Si vous avez besoin de ranimer vos
cœurs,
De mes Ratafiats savourez l'excellence:
Vous pourrez même encor, avec un
peu d'essence,
Faire, dans le moment, de très-bonnes
liqueurs.
Vous trouverez ici, contre les engelures,
Dans ma Pâte nouvelle un baume pré
cieux :
Ses effets contre les gersures
Sont aussi prompts que merveil
leux.

Signe, LE BELIER.

lundi	1 s. Alexand.	merc.	17 Abraham
mardi	2 Romain	jeudi	18 Alexandre
merc.	3 4 *Tems*	vend.	19 Joseph
jeudi	4 Honorine	sam.	20 Joachim
vend.	5 Simplice	4 D.	21 *Lætare.*
sam.	6 Casimir	lundi	22 Benoît
2 D.	7 *Reminisc.*	mardi	23 Paul, év.
lundi	8 Colette	merc.	24 Eusebe
mardi	9 Th. d'Aq.	jeudi	25 *Annonc.*
merc.	10 Jean de D.	vend.	26 Gabriel
jeudi	11 Françoise	sam.	27 Rupert, év.
vend.	12 40 Martyrs	5 D.	28 *Judica.*
sam.	13 Paul, év.	lundi	29 Gontran
3 D	14 *Oculi.*	mardi	30 Rieul
lund	15 N. D. de P.	merc.	31 Aubin
mardi	16 Lubin.		

AVRIL.

En Avril, la terre travaille:
Alors on fume, on greffe, on taille;
La féve monte, on voit l'arbre qui s'en nourrit,
Se préparer à nous donner son fruit.
Pour nourrir vos cheveux, l'ornement de la tête,
Elaguez-les, humectez-les aussi :
Prenez Poudre, Pommade, & surtout joignez-y
L'Eau merveilleuse que j'apprête.

Signe, LE TAUREAU.

jeudi	1 s. Hugues	sam.	17 Calixte
vend.	2 Franç. de P.	1 D.	18 *Quasimodo*
sam.	3 Richard	lundi	19 Parfait
6 D.	4 *Rameaux*	mardi	20 Leon, Pape
lundi	5 Ambroise	merc.	21 Anselme
mardi	6 Vincent	jeudi	22 Opportune
merc.	7 Guillaume	vend.	23 Georges
jeudi	8 Marie Eg.	sam.	24 Beuve, veu.
vend.	9 *Vendr.* S.	2 D.	25 Marc, *abst.*
sam.	10 Romain	lundi	26 Antime
7 D.	11 PASQUES.	mardi	27 Vital
lundi	12 Leon	merc.	28 Robert
mardi	13 Jules	jeudi	29 Eutrope
merc.	14 Ide	vend.	30 Athanase
jeudi	15 Tiburce		
vend.	16 Paterne		Nomb. d'Or 7.

M A I.

C'EST en ce mois que la Nature
Brille du plus charmant éclat.
Les dents sont pour la bouche une riche parure ;
Racines, Elixirs, excellent Opiat,
Vous les conserveront aussi fermes que belles :
Sans crainte vous pourrez croquer de nos Bonbons,
Amandes, Diablotins, Prâlines, Macarons.
Vous nous en direz des nouvelles.

Signe, LES GEMEAUX.

sam.	1 s. Jac. s. Ph.	lundi	17 *Rogations*
3 D.	2 Monique	mardi	18 Yves
lundi	3 Inv. ste. Cr.	merc.	19 Bernardin
mardi	4 C. s. Aug.	jeudi	20 *Ascension*
merc.	5 Stanislas	vend.	21 Itisberge
jeudi	6 *s. J. P. L.*	sam.	22 Julie
vend.	7 Ap. s. Mic.	6 D.	23 Didier, év.
sam.	8 Tr. s. Nic.	lundi	24 Philippe
4 D.	9 Gordien	mardi	25 Hildevert
lundi	10 Mamert	merc.	26 Germain
mardi	11 Servais	jeudi	27 Maxime
merc.	12 Pacôme	vend.	28 Emilie
jeudi	13 Achille	sam.	29 *Vig. jeûne.*
vend.	14 Honoré	D.	30 PENTECÔT.
sam.	15 Montain	lundi	31 Petronille
5 D.	16 Felix		

JUIN.

QUAND il fait chaud, bientôt la barbe
pousse ;
Boëte à l'Angloise à choix, Poudre,
Esprit de savon,
Savonnettes aussi, dont la légere
mousse
Vous rendra frais comme un car-
don.
Mais bien rasé, prenez la Crême de
vinaigre ;
Ensuite vous vous laverez,
Et bientôt vous éprouverez
Que vous en serez plus alegre.

Signe, L'ECREVISSE.

mardi	1 s. Probat	jeudi	17 *Oct. F. D.*
merc.	2 4 *Tems*	vend.	18 Modeste
jeudi	3 Pamphile	sam.	19 s. Ger. s. Pr.
vend.	4 Caprais	3 D.	20 Aurelien
sam.	5 Clotilde	lundi	21 Avit
1 D.	6 *Trinité.*	mardi	22 Marine
lundi	7 Optat	merc.	23 *Vig. jeûne.*
mardi	8 Boniface	jeudi	24 *Nat. s. J. B.*
merc.	9 Medard	vend.	25 Eloi
jeudi	10 *Fête-Dieu*	sam.	26 Babolei
vend.	11 Liboire	4 D.	27 Irenée
sam.	12 Landri	lundi	28 *Vig. jeûne.*
2 D.	13 Barnabé	mardi	29 *s. Pier. s. P.*
lundi	14 Basilide	merc.	30 Com. s. P.
mardi	15 Antoine		
merc.	16 Rufin		Cycle Solaire 18.

JUILLET.

En Juillet la chaleur eſt grande ;
J'ai maint Sirop rafraîchiſſant.
J'ai de bons Elixirs auxquels ſe recommande
Tout Eſtomac trop languiſſant ;
Pâte, Cachou pour la poitrine,
Vinaigre des quatre Voleurs :
C'eſt ici qu'on emmagaſine
Tous les ſecours les plus flatteurs.

Signe, LE LION.

jeudi	1	ste. Eléon.	ſam.	17	Alexis
vend.	2	Viſit. N. D.	7 D.	18	Clair
ſam.	3	Anatole	lundi	19	Vinc. de P.
5 D.	4	Tr. s. Mart.	mardi	20	Marguerite
lundi	5	Zoé, mart.	merc.	21	Victor
mardi	6	Goar	jeudi	22	Magdelaine
merc.	7	Thom. év.	vend.	23	Apollinaire
jeudi	8	Bon	ſam.	24	*Jours can.*
vend.	9	Ephrem	8 D.	25	s. Jac. s. Ch.
ſam.	10	7 Fr. mart.	lundi	26	T. s. Marcel
6 D.	11	Tr. s. Benoît	mardi	27	Aurele
lundi	12	Prix	merc.	28	Anne
mardi	13	Thuriaf.	jeudi	29	Marthe
merc.	14	Bonavent.	vend.	30	Abdon
jeudi	15	Henri	ſam.	31	Germ. Aux.
vend.	16	N. D. du C.			

AOUST.

POUR les Bains, Crêmes de vinaigre ;
Pour se laver, Eaux de senteur.
On en est plus gai, plus alégre ;
Tout ce qu'on fait, on le fait de bon cœur.
Pour la peau j'ai des Eaux d'une vertu parfaite,
Pommades, Blanc, Rouge, pour la toilette ;
Enfin tout ce qui peut conserver la santé,
Ou que l'on croit relever la beauté.

Signe, LA VIERGE.

9 D.	1 s. Pier. ès l.	mardi	17 Regnauld
lundi	2 Etienne, P.	merc.	18 Helene
mardi	3 Inv. s. Etien.	jeudi	19 Agapite
merc.	4 Dominique	vend.	20 Bernard
jeudi	5 N. D. des N.	sam.	21 Privat
vend.	6 Tr. N. S.	12 D.	22 Symphor.
sam.	7 Donat	lundi	23 Sidoine
10 D.	8 Justin	mardi	24 *Barthel*
lundi	9 *Vig. jeûne.*	merc.	25 *Louis*
mardi	10 *Laurent*	jeudi	26 *F. des J. can.*
merc.	11 Tiburce	vend.	27 Sulpice
jeudi	12 Claire	sam.	28 Augustin
vend.	13 Hypolite	13 D.	29 Mederic
sam.	14 *Vig. jeûne.*	lundi	30 Fiacre
11 D.	15 *Assompt.*	mardi	31 Ovide
lundi	16 Roch		

SEPTEMBRE.

DANS ce mois les jardins sont presque défleuris ;
C'est donc le tems de faire vos emplettes
De Parfums & de Cassolettes,
Essences à brûler, Pastilles, Pots-pourris.
Par l'effet de notre Art, un malade respire
Un air pur, imprégné de salubres vapeurs ;
Et sur l'homme en santé, les poisons destructeurs
De la terre exhalés, n'exercent point d'empire.

Signe, LA BALANCE.

merc.	1	s. Leu s. G.	jeudi	16	Porphire
jeudi	2	Just	vend.	17	Cyprien
vend.	3	Seraph.	sam.	18	Lambert
sam.	4	Ro alie	16D.	19	Janvier
14D.	5	Victorin	lundi	20	*Vig. jeûne.*
lundi	6	Zacharie	mardi	21	*Matthieu*
mardi	7	Cloud	merc.	22	Maurice
merc.	8	*Nat.* N. D.	jeudi	23	Lin
jeudi	9	Re ne	vend.	24	Gerard
vend.	10	Nic. de Tol.	sam.	25	Firmin
sam.	11	Patient	17D.	26	Justine
15D.	12	Guy	lundi	27	s. Côm. s. D.
lundi	13	Maurille.	mardi	28	Vinceslas
mardi	14	Ex. ste. Cr.	merc.	29	Michel
merc.	15	4 *Tems*	jeudi	30	Jerôme

OCTOBRE.

En Octobre, comme en tout tems,
Des Poudres, des Peaux balsamiques,
Pour Corbeilles, Sachets, Sultans ;
Porte feuilles aromatiques
Auront votre approbation.
Nouvelle en est la composition ;
Le goût des plus nouveaux : c'en est assez, je pense,
Pour mériter la préférence.

Signe, LE SCORPION.

vend.	1	s. Remy
sam.	2	l'Ang. gard.
18D.	3	Leger
lundi	4	Francois
mardi	5	Placide
merc.	6	Foy
jeudi	7	Marc, P.
vend	8	Brigide
sam.	9	Denis
19D.	10	Paulin
lundi	11	Agilbert
mardi	12	Venant
merc.	13	Geraut
jeudi	14	Caliste
vend.	15	Thérèse
sam.	16	Gal
20D.	17	Cerbon
lundi	18	Luc, év.
mardi	19	Loup, évêq.
merc.	20	Caprais
jeudi	21	Ursule
vend.	22	Mellon
sam.	23	Romain
21D.	24	Magloire
lundi	25	Crespin
mardi	26	Rustique
merc.	27	*Vig. jeûne.*
jeudi	28	*s. Sim. s. Jud.*
vend.	29	Narcisse
sam.	30	*Vig. jeûne.*
22D.	31	Lucain

NOVEMBRE.

Dans ce Magasin tout abonde,
Thé, Café, bons Biscuits, Macarons excellens ;
Pour satisfaire tout le monde,
Nous avons des assortimens.
Nous fabriquons, avec la derniere finesse,
Toutes sortes de Chocolats,
Et des Sirops de toute espece
Contre rhumes & toux, noirs enfans des Frimats.

Signe, LE SAGITTAIRE.

lundi 1 *La Touss.*
mardi 2 *Les Trép.*
merc. 3 *s. Marcel*
jeudi 4 Charles
vend. 5 Hubert
sam. 6 Léonard
23D. 7 Baudin
lundi 8 4Couronnés
mardi 9 Théodore
merc. 10 Triphon
jeudi 11 *Martin*
vend. 12 René
sam. 13 Emilien
24D. 14 Brice
lundi 15 Eugene
mardi 16 Edmon
merc. 17 Grég. de T.
jeudi 18 Odon
vend. 19 Elisabeth
sam. 20 Edme
25D. 21 Pr. N. D.
lundi 22 Cécile
mardi 23 Clément
merc. 24 Chrysost.
jeudi 25 Catherine
vend. 26 Genev. Ard.
sam. 27 Maxime
1 D. 28 *Avent*
lundi 29 *Vig. jeûne.*
mardi 30 *André*

Indict. Rom. 6.

DECEMBRE.

Ce mois annonce les Etrennes.
Dans mille objets nouveaux, & faits pour l'agrément,
Vous trouverez Devise, Compliment,
Enigme, Conte par douzaines.
De tout ce qu'en ces lieux on vend,
Dans ce Livret la liste est incomplette.
La curiosité peut être satisfaite
Par notre Catalogue; on vous en fait présent.

Signe, LE CAPRICORNE.

merc.	1	s. Eloi	vend.	17	Begue
jeudi	2	s. Pier. s Ch.	sam.	18	Gatien
vend.	3	Franç. Xav.	4 D.	19	Hildebert
sam.	4	Barbe	lundi	20	Liberat
2 D.	5	Sabat	mardi	21	*Thomas*
lundi	6	Nicolas	merc.	22	Flavien
mardi	7	Ambroise	jeudi	23	Victoire
merc.	8	*Conc.* N.D.	vend.	24	*Vig. jeûne.*
jeudi	9	Gorgon.	sam.	25	NOËL
vend.	10	Valere	D.	26	*Etienne*
sam.	11	Damase	lundi	27	*Jean Ev.*
3 D	12	Hermogene	mardi	28	*Innocens*
lundi	13	Luce	merc.	29	Th. Cant.
mardi	14	Nicaise	jeudi	30	Sabin
merc.	15	4 *Tems*	vend.	31	Silvestre
jeudi	16	Adelaïde			

POT-POURRI.

Air : *De Navarre.*

Nous sommes souvent visités
De gens dont la naissance,
Ou les illustres dignités
Relevent l'opulence.
Conduits par un goût sûr & fin,
Sans plaindre la dépense,
Nous avons fait un Magasin
Digne de leur présence.

Air : *Que ne suis-je la fougere ?*

Rendons grace à la Nature
Qui nous fit pour le plaisir ;
Goûtons la volupté pure
Dont nos sens nous font jouir.
Ils ont tous leur jouissance ;
Mais il est de mon état
De chanter, par préférence,
Et le goût & l'odorat.

Même air.

Les flatter, les satisfaire,
C'est le secret de mon art;
Aussi, je sais, quand j'opere,
Ne rien donner au hazard.
De tout ce qu'en abondance
J'étale avec propreté,
Cinq lustres d'expérience
Garantissent la bonté.

Air : *du Maréchal.*

Ici nous sommes établis,
Charmés de trouver à Paris,
Des hommes dont la connoissance
Anime les gens à talent,
Qui ne goûtent que l'excellent.
Redoublons donc de vigilance,
Tôt, tôt, tôt,
Battons chaud;
Tôt, tôt, tôt,
Bon courage :
Il faut avoir cœur à l'ouvrage.

Air : *Eh! mais, oui-dà, &c.*

COMME à tous on veut plaire,
On est accommodant ;
On ne sait point surfaire,
On échange, on reprend :
Grands & petits,
Pour tous il n'est qu'un seul & juste prix.

Air : *Liron, lirette.*

POUR Etrennes on fait emplette
De mille bijoux differens,
On donne un ruban à Nanette,
A Philis du rouge & des gants,
Dans ce tems
Tout s'étale & s'achete,
Et des bombons pardessus tout :
Chacun a son goût,
Liron, lirette,
Chacun a son goût.

Qu'en ce jour mille gens
Composans leur langage ,
Vous accablent de complimens ;
Mon cœur , d'accord avec l'usage ,
Vient vous renouveller l'hommage
Des plus sinceres sentimens.

Quand à vous fêter tout m'invite ,
Que j'ai de regret ,
De n'offrir à votre mérite
Qu'un simple Livret :
Pourvu que je vous rende hommage,
Que m'importe rime ou raison ;
Si l'esprit n'est pas de tout âge ,
Le cœur est de toute saison.

LA FAYE l'aîné, natif de Grasse en Provence, Marchand Parfumeur & Distillateur de S. A. Mgr. le Maréchal Prince DE SOUBISE, à Dunkerque, connu depuis plus de vingt ans, dans les dix-sept Provinces des Pays-Bas, par les établissemens qu'il y a formés sous l'enseigne des Armes de Soubise, permission qui lui a été accordée à Lille par Son Altesse même en 1752, avec la qualité de son Parfumeur & Distillateur; vient d'établir un Magasin à l'adresse indiquée, en sa qualité de Marchand de Paris, où l'on trouvera toutes les marchandises provenantes de sa fabrique ci-après détaillées.

Le Sieur *La Faye* travaille depuis sa plus tendre jeunesse à l'Art de la Distillation & Parfums, & généralement dans la chymie du goût & de l'odorat, tant pour ce qui peut flatter nos sens, que pour la propreté du corps en général. C'est à cette propreté que nous sommes très-souvent redevables de notre santé : trésor précieux qui fait l'unique bonheur de la vie, & sans laquelle nous ne goûtons aucun plaisir dans ce monde. Personne n'ignore que la Nature, secondée par l'Art, ne produise des effets merveilleux.

Depuis que l'Art de la Distillation est établi pour le bien commun de la Société, aucun Parfumeur ni Distillateur n'a rien donné au Public qui puisse égaler la bonté de ses ouvrages : ils sont tellement variés, que l'Arabie heureuse n'a rien produit de si parfait. Le Sieur *La Faye* vient mettre au jour dans cette Capitale, (siege des Beaux-Arts & Sciences, encouragés par la multitude de Connoisseurs qui y applaudissent) une quantité d'articles qui n'ont jamais paru dans ce genre. Il espere que concourant à l'utilité publique, il pourra aussi, par son zele, mériter le suffrage des personnes les plus distinguées, en quoi il s'estimera toujours trop heureux.

Voici le précis de ces nouveautés ; savoir,

Crême de Vinaigre balsamique à l'usage des Bains & de la Toilette.

Crême de Vinaig. balsamique de 4 à 6 liv.	à la dauphine. à la lavande. de lav. à la bergam. de lavande à l'ambre. aux herbes. à l'œillet. à la violette. au jasmin. à la bergamote. à l'ambre. à la tubéreuse. à la Gazzia. à la vanille.

Propriété & maniere de faire usage desdits Vinaigres.

La dose ordinaire pour un bain particulier est d'une petite bouteille contenant environ un demi-ſeptier.

Une cuillerée ſuffira pour les perſonnes qui font uſage du bidet.

Quelques gouttes dans le baſſin ſuffiront pour ſe baigner le viſage après s'être fait raſer. Dans l'inſtant l'eau tourne en lait, devient moëlleuſe, ôte le feu du raſoir, conſerve le teint dans ſa fraîcheur naturelle, & fait un effet merveilleux.

Ces bains laiteux feront des plus agréables & ſalutaires. Les perſonnes qui aiment beaucoup les odeurs, en pourront mettre davantage, & elles reſpireront le parfum du choix qu'elles auront fait, & auront l'agrément d'être cachées dans leurs bains.

On peut en porter ſur ſoi en place d'eau d'odeur: en les reſpirant, elles donnent un parfum ſuave & gracieux. On obſervera de conſerver ces Vinaigres bien bouchés.

Vinaigre de perle propre à guérir toutes les maladies de la peau.

Le Sieur *La Faye* a mis au jour ce Vinaigre depuis pluſieurs années: on donne, en le vendant, un Imprimé particulier, qui indique la façon d'en faire usage. Le prix est de 40 s.

Olea balsamica, aromatica, universalia.

Huiles balsamiques, aromatiques, universelles.

Huile balsamique, 4 l.
- à la dauphine.
- à l'impériale.
- Royale.
- à la duchesse.
- à la nouvelle alliance.
- de Sultane.
- à la maréchale.
- à la marquise.
- des francs-Maçons.
- de bouquet.
- de mille-fleurs.
- gracieuse.
- à l'ambre.

Essence préservative très-forte pour les endroits contagieux, à 3 l.

Propriétés & vertus desdites Huiles pour parfumer & embaumer les Eglises, Appartements, Navires, &c.

On sera surpris de voir les merveilleux effets qu'elles produiront, lorsqu'on voudra parfumer un appartement, grand ou petit. Si on veut que le parfum se conserve long temps, on fermera les fenêtres & les portes; on fera chauffer un fer, sur lequel on versera tant soit peu de cette liqueur: ces parfums se trouveront répandus dans l'espace de cinq ou six minutes, plus ou moins, suivant la grandeur de l'appartement.

On fera seulement attention que le fer ne soit ni rouge ni trop froid. S'il étoit rouge, il absorberoit une partie des parfums; & s'il étoit trop froid, l'évaporation se ralentiroit trop. Et, pour plus de commodité, je vends des fontaines en forme de cassolette, des vases, des réchauds, des paniers & des garde-vue qui sont construits pour faire usage commodément desdites Huiles. Dans l'eſpace d'une minute, on parfume une garderobe, deux minutes, un cabinet; trois minutes, une chambre, & ainſi, à proportion de la grandeur de l'appartement, un quart d'heure ſuffiroit pour parfumer une ſalle de Spectacles.

On ſera sûr par cet effet de rendre l'air pur & ſalubre, principalement dans les appartements des malades, où il eſt plus néceſſaire qu'ailleurs de corriger le mauvais air, tant pour les malades que pour ceux qui ſont obligés de les viſiter, par devoir ou par état.

Ces Huiles délicieuſes ſeront d'une grande utilité dans les Pays marécageux & aquatiques, en diſſipant le mauvais air qu'on y reſpire.

On s'en ſervira avec grand ſuccès dans les voyages de long cours, ou les maladies contagieuſes qui regnent fréquemment dans nos navires, & principalement dans ceux de la Côte de Guinée pour la traite des Negres: maladies d'autant plus fâcheuſes, qu'elles nous cauſent la perte de tant de milliers de Negres, unique soutien de nos Colonies en Amérique.

Delà vient enfin le découragement de la plûpart de nos Armateurs, qui se dégoûtent journellement de ce commerce, par les pertes que le mauvais air & la contagion leur font essuyer. Il en est de même de nos meilleurs Marins, qui, rebutés par la perte de leurs Confreres dans une Navigation si dangereuse, n'étant pas plus exempts de la contagion que les Esclaves avec lesquels ils se trouvent renfermés à bord des mêmes vaisseaux.

Ces Huiles enfin seront, comme on le voit clairement, d'un très-grand secours dans les Hôpitaux.

Lorsqu'on voudra en faire usage dans les Eglises, on prendra de l'encens écrasé, que l'on humectera raisonnablement de cette Huile balsamique, un quart-d'heure avant de s'en servir; cela composera sur le champ un parfum des plus odoriférants & des plus parfaits.

Comme ces Huiles sont d'une odeur très-agréable, les personnes qui en voudront porter sur elles, imbiberont une petite éponge dans une cassolette ; elles conserveront leur odeur un temps infini.

Le Sieur *La Faye*, après avoir fait connoître par expérience que ces Huiles balsamiques peuvent produire les effets qu'il annonce, offre des échantillons pour les Navires de transport des troupes du Roi, destinés pour les Colonies Françoises, sous le bon plaisir de SA MAJESTÉ.

Pastilles à brûler pour parfumer les Appartements.

Pastille aromatique, l'once, 4 l.
Pastille préservative, 5 l.
Pastille salutaire, 4 l.
Pastille balsamiq. de Portugal, à 5 l.
Pastille royale, à 6 l.
Pastille gracieuse, à 8 l.
Pastille à l'ambre-gris, à 10 l.
Ruban bon teint, à brûler, à 3 s. l'aune.

Dito, parfumé, à 5 sols.

Pot pourri pour embaumer les appartemens, à 24 l. la livre, & Eau d'odeur faite exprès pour le nourrir & conserver long-temps, à 20 ſ. la petite bouteille.

Quinteſſences de différentes odeurs.

Quinteſſence
de bergamote, 12 ſ.
de bigarade, 12 ſ.
de cédrat, 15 ſ.
de Portugal, 15 ſ.
de citron, 12 ſ.
de lavande, 8 ſ.
de thim, 12 ſ.
de romarin, 24 ſ.
de marjolaine, 12 ſ.
de jaſmin, 18 ſ.
de violette, 24 ſ.
d'anis, 12 ſ.
d'ambre, 30 ſ.
d'œillet, 30 ſ.
de néroli, 3 l.
de roſe romaine, 6 l.
roſe des Indes, 24 l.

Quintessence { à la tubéreuse, 24 s. / Gazzia, 24 s. / vanille, 40 s.

Quintessence	à la tubéreuse, 24 s. Gazzia, 24 s. vanille, 40 s.

Pommade balsamique & incorruptible pour les cheveux.

Pommade de 4 à 6 l. le pot.	à la dauphine. à la fleur d'orange. au jasmin de l'Amérique. à l'œillet. à la bergamote. à la franchipanne. à la vanille.

en bâtons, grands & petits, de 2 à 4 l.	à la dauphine. à l'œillet. à la fleur d'orange. à la bergamote.

Elles sont d'un parfum si suave, qu'il n'y a point de Pommades de Rome ni d'Italie qui puissent les surpasser, & ont une qualité particulie-

pour la conſervation des cheveux & nourrir leur racine.

Pommade fine & autre de toutes ſortes d'odeurs.

Pommade fine, à 30 ſ. & 4 l. { de tubéreuſe. de Gazzia. à la violette. à la jonquille.

Pommade, depuis 30 ſ. jusqu'à 4 l. le pot. { bouquet. de Flore. à la Maréchale. de roſe. à l'œillet. à la Ducheſſe. Jaſmin de l'Amériq. fleurs d'orange. de jaſmin d'Eſpagne. de bergamote de Florence.

Boîte de pommade pour les levres, à 12 ſ. la boîte.

Pommade noire pour les ſourcils, 24 ſ.

Pommade de graiſſe d'ours, pour faire croître les cheveux, 24 ſ. le pot

Pommade de moëlle de bœuf pour

ſortifier les cheveux, à 30 ſ. l'once.

Pommade verte de noyer pour les nourrir, à 24 ſ. l'once.

Huile de noiſette pour le même uſage, parfumée & non parfumée.

Bâtons de pommade de toutes ſortes d'odeurs & différentes grandeurs, à 5 ſ. juſqu'à 3 l. le bâton.

Bâtons de cire à épiler, 10 ſ.

Bâtons de pommade noire, 15 ſ.

Pommade de Crême de limaçon ſans fard, à 30 ſ. le pot.

Cette Pommade eſt compoſée uniquement pour ſe nettoyer le viſage & la gorge; il faut en faire uſage avant de ſe coucher. Elle nettoie parfaitement la peau & la nourrit; elle empêche qu'aucun fard dont on ſe ſert dans le jour ne puiſſe nuire ni cauſer aucun dommage ſur les teints les plus fins.

Au lever, on prendra ſoin de s'eſſuyer la peau, & enſuite on fera uſage de la Crême à la dauphine, que l'on verſera dans un petit vaſe. On y trempera un linge fin, avec lequel on se frottera le visage & la gorge jusqu'à ce que l'on sente un petit picotement causé par la friction, alors on la laissera sécher sans l'essuyer. Cette Crême est composée avec des eaux simples, propres à rafraîchir & conserver la peau. L'odeur en est des plus gracieuses. Les personnes qui en feront usage, comme il est expliqué ci-dessus, seront sûres de conserver leur teint dans toute sa fraîcheur jusques dans l'âge le plus avancé.

Pommades, Eaux pour la Toilette, pour rafraîchir le teint & conserver la peau, guérir les Boutons & Dartres farineuses, & entretenir le teint des Dames.

Lait virginal pour le teint, 12 s.
Huile de Vénus, pour la peau, 24 s.
Eau du Japon, pour les boutons, 30 s.

Pommade en petit pot. { pour les rousseurs, 24 s.
pour les dartres, 24 sols.
de concombres, 12 s. }

Pommade en petit pot	pour les rougeurs, 24 ſ. le pot.
	de limaçon, 24 ſols le pot.
	de blanc de perles gras, 40 ſ.

Blanc de perles ſec, 50 ſ. le p. & 5 ſ. la crote.

Rouge de Cour & de Portugal, de 3 l. & 4 l. le pot.

Rouge de Théatre très-vif, de 20 ſ. juſqu'à 40 ſ. le pot.

Savonnettes balſamiques pour la barbe & pour laver les mains.

Savonnettes balſamiq. de 3 l. à 6 l.	à l'ambre.
	à la bergamote.
	à la Ducheſſe.
	à l'œillet.
	à la lavande.
	aux herbes.
	de mille-fleurs.
	de fleur d'orange.
	de vanille.

Ces Savonnettes ſont d'une pâte bien

apprêtée. Outre la ſuavité de leurs odeurs, elles ont un moëlleux que toutes autres Savonnettes n'ont point; & pour peu que la Savonnette ſoit détrempée dans l'eau, elle répand une odeur des plus gracieuſes. La mouſſe eſt très-blanche, & ne forme aucun dépôt dans l'eau. Elle adoucit la peau, & on ne trouve point dans ces Savonnettes l'âcreté qui ſe trouve dans toutes autres.

Une ſeule, renfermée dans une malle ou commode, peut embaumer tous les effets qui s'y trouveront renfermés.

Savon balſamique en boîte, pour humecter la barbe avec une broſſe; ce Savon a la même vertu que les Savonnettes précédentes.

Boîtes de Savon balſ. de 3 à 6 l.	à la dauphine. à l'œillet. à la bergamote. à la fleur d'orange. à la lavande. aux herbes.

Savonnettes	aux herbes, à 30 & 40 sols. jaunes pour laver les mains, 30 s.

Pain de Savon de Naples, 20 s.

Savonnettes	marbrées de Grasse, 24 s. de Montpellier, 20 s. ordinaires, 15 s. communes, 8 s. blanches pesantes, 24 s.

Savon de Naples liquide.

Esprit de Savon d'Italie, 20 & 40 s.

Poudre de Savon balsamique, 3 liv.

Poudre de Savon ordinaire, 3 liv. la boîte.

Paniers de fleurs pour les fêtes, Rubans de tête pour la nuit, Jarretieres & Sachets d'odeur balsamique, Corbeilles pour les Noces & Baptêmes.

Sachets balsamiques dans des étuis à jour, depuis 50 s. jusqu'à 6 l.	à la dauphine. à la rose des Indes. à la violette. à l'œillet. à l'ambre. à la bergamote.

Sachets balsamiques dans des étuis à jour, depuis 50 s. jusqu'à 6 l.	à l'archiduchesse. aux herbes. à la lavande. Chinois. de Chypre. au jasmin de l'Amér.

La composition desdits Sachets est si parfaite & si douce, que l'Art suppléant à la Nature, ne laisse rien à desirer sur l'odeur que l'on aura choisie.

Sultanes garnies de différents prix, Sacs à ouvrage, Bracelets, Poches d'odeurs doublées & piquées; Etuis à tabatieres, à couteaux & à peignes parfumés; Portefeuilles piqués, de toutes grandeurs & à serrures.

Petits Sachets ordinaires, à 24 s.	à l'ambre. à la duchesse. à la lavande. à la bergamote. aux herbes. à l'œillet. à la violette. au pot-pourri. à la maréchale. de mille-fleurs. à la rose romaine, 3 l.

Sultans piqués pour hommes.
Sultans en coussins pour femmes
Jarretieres parfumées.

Poudre Royale balsamique.

Cette poudre est d'une composition très forte, & suave pour l'usage des Sultanes ; Corbeilles, Porte-feuilles, Sacs de toutes especes pour embaumer le linge, les hardes, les malles de voyage, les armoires, les commodes. Elle garanti des mites & des insectes, & conservera long-tems son odeur, qui est d'un parfum des plus agréables, à 3 l. l'once.

Dito à la vanille, à 3 liv. l'once.
Dito rose romaine, 3 l.
Dito franchipanne double, 40 s.
Dito à l'ambre double, 40 s. l'once.
Dito Chypre double, 40 s. l'once.
Dito aux herbes fines.
Dito Chinoise.

Poudre à parfumer les autres Poudres à poudrer, en petites bouteilles, 20 ſols.

Poudre, depuis 10 ſ. juſqu'à 30 ſols l'once.

- à la maréchale.
- à la bergamote.
- à l'œillet.
- à la violette.
- à la lavande.
- au thym.
- de mille-fleurs.
- de fleurs d'orange.
- à la ducheſſe.
- de Portugal.
- de jaſmin.
- Princeſſe.
- Sultane.
- Mouſſeline.
- Archiducheſſe.
- à la Dauphine.

Poudres à poudrer.

Poudre fine avec odeur.
Dito, ſans odeur.
Poudre brune.
Poudre blonde.
Poudre griſe.

Pâte d'amande liquide balsamique, pour laver les mains sans eau, 4 l. & à 40 s. le pot.

Cette pâte a un parfum naturel très-suave : elle rend les mains blanches & douces ; elle empêche les engelures & gersures, &c. Elle ne se gâte jamais, pourvu qu'on ne la laisse pas dessécher.

Pâte d'amande douce, 12 s.

Pâte d'amande amere, 24 s.

Pâte d'amande liquide à la Reine, 3 l. la livre.

Petites Bougies à brûler la nuit.

Eponge fine préparée pour la barbe & pour le corps.

Gants gras pour homme & femme, pour préserver les mains d'angelures & gersures, & rendre la peau douce, à 4 & à 6 l. la paire.

Bandeaux gras pour les rides, 24 s.

Crême de Vinagrillo balsamique, pour humecter toutes sortes de tabacs, & leur donner l'odeur de vinaigre la plus agréable & odoriferante à la façon d'Espagne.

Crême de Vinagrillo balsamique, à 24 s. la petite bouteille.	à la dauphine. del Sevila. d'Espagne. Royale.

Opiat sec vulnéraire balsamique, à 3 l. le petit pot.

Cet Opiat sert à nettoyer & à raffermir les dents, les rend blanches & fortifie les gencives. On se sert communément, après l'avoir écrasé, d'une petite éponge ou d'une racine de gui mauve préparée, ou d'une brosse à éponge; cela dépend du goût des personnes. En conservant cet Opiat dans un endroit sec, il ne se gâte jamais.

Opiat, Elixir pour les dents.

Elixir pour les dents, 24 ſ.
Opiat liquide pour les gencives, 30 ſ.
Opiat en poudre de corail, 24 ſ.
Eponges préparées pour les dents, 5 ſ.
Broſſes à éponges préparées, 12 ſ.
Racines de guimauve, 6 & 8 ſ.
Eſprit de coclaria, 24 ſ.

Eaux & Elixirs pour différents Remedes.

Taffetas d'Angleterre pour les coupures & bleſſures, à 12 & 24 ſ. le paquet.
Elixir de Garus, pour l'eſtomac, 30 ſ. la petite bouteille.
Elixir d'Angleterre, pour l'eſtomac, 24 ſ.
Eau des Carmes, 15 ſ.
Eau vulnéraire Suiſſe d'Arquebuſade, pour les plaies, de 15 ſ. à 3 l.
Vinaigre des quatre-voleurs, rectifié, à 50 ſ.
Eau ſans-pareille, pour le mal de tête, 10 ſ.

Eau de Marquette, pour les palpitations de cœur, 20 f.

Eau de la Reine d Hongrie, 12 f.

Eau admirable de Cologne, à 15 f. & à 30 f. la double bouteille.

Eau de Luce, pour les maux de tête & migraines, à 30 & à 50 f. le flacon.

Sel de Vinaigre pour les vertiges, 4 l.

Sel d'Angleterre, 3 l.

Boule d'acier vulnéraire, 12 & 20 f.

Taffetas vulnéraire balsamique de *La Faye*, pour les coupures, gersures, égratignures, &c.

On fait le même usage de ce Taffetas que de celui d'Angleterre dont on se sert communément; celui de *La Faye* est infiniment supérieur; il entre dans sa composition tous les Vulnéraires, Baumes odoriférants. Les personnes qui en feront usage, seront satisfaites, tant de son odeur agréable, que de sa qualité perfectionnée.

Miel de Narbonne, à 3 l. la livre.

Pâte de guimauve pour le rhume, 4 f. l'once.

Diabolonie de Naples véritable, 6 l. l'once.

Dito, de Harlem, à 3 l. l'once.

Paſtilles de bouche, Paſtillage de Gênes & d'Italie; Plaiſir des Dames; Paſtille à la dauphine; petits Livres & Boîtes garnis de Paſtille, de différente grandeur; Caramel pour le rhume; Cachoux préparés de toute eſpece, aſſortis pour l'eſtomac; Dragées de Verdun pour les baptêmes, à 24 & à 40 ſ. la liv.

Dito, tranſparente, Paſtilles galantes, amuſantes, Chinoiſes & de Malthe, &c.

Amandes d'Eſpagne, royales; Avelines, Piſtaches, Ceriſes, Framboiſes, Citron, Fleur d'orange, Angélique, Cannelle, Epinevinette, Citronnelle, Conſerve, Paſtilles rafraîchiſſantes & de haut goût, pour embaumer la bouche; Acceptines, Brillants d'Hollande, Clombe de domino, des Hullefelds d'Allemagne, Bombon du Roi, Sucre retord, Jus de régliſſe aniſée de Lille, & Fleurs pralinées d'un goût diſtingué. Le Magaſin ſera toujours pourvu de toute ſorte de nouveautés en Paſtillage choiſi, ainſi que de toute ſorte de Bombonnieres très joliment travaillées, & Bijoux en ſucre & autres, pour les étrennes & les fêtes.

Tablettes de guimauve, Pâte d'orgeat, Confitures, fruits confits d'Italie pour les deſſerts; Gelées de Rouen & autres, Boîtes & Coffrets bien imaginés, de nouvelle forme, pour les baptêmes, avec des ornemens analogues au ſujet.

Thé bou, Thé verd, de la premiere qualité; Café Mocka, Bourbon, de la Martinique, de Saint-Domingue, dont les prix ſont différenciés ſuivant les qualités.

Chocolat de ſanté, de 36 ſ. à 4 l. la livre.

Chocolat de vanille, de 3 à 7 l. la livre.

Chocolat d'Eſpag. de 3 à 7 l. la liv.

Diablotins en tablettes, dito.

Piſtaches en chocolat.

Limonnade ſeche en poudre, très-utile aux voyageurs; elle forme ſur le champ une boiſſon rafraîchiſſante; elle ſe conſerve & ſe tranſporte avec facilité.

Eau merveilleuſe qui empêche les cheveux de tomber, à 6 l. la bouteille.

Comme les cheveux ſont le plus bel ornement du corps, il n'y a perſonne qui ne ſoit charmée de trouver le ſecret de ſe les conſerver. Il ſera facile de ſe le procurer, en employant cette Eau merveilleuſe de la maniere ſuivante.

Comme la propreté exige que l'on ſe faſſe peigner à fond tous les mois, pour retirer la poudre & la craſſe occaſionnées par la ſueur & pommade, on ſaiſira ce moment pour humecter les cheveux de cette Eau juſques dans la racine : enſuite on ſe les fera arranger ſous ſon bonnet, afin que le cours de la nuit puiſſe donner le tems à cette Eau de faire ſon effet ; &, s'il eſt poſſible, on ne ſe fera coëffer que douze heures après.

Les Dames qui ſe trouvent enceintes, pourront, au dernier moment de leur groſſeſſe, prépater leurs cheveux de la maniere dite, & elles ne toucheront à leur tête qu'après leur rétablissement, quand même l'incommodité dureroit deux ou trois mois. En laissant les cheveux tels qu'il a été dit ci-dessus, elles seront sûres de se les conserver dans l'âge le plus avancé, parce que la propriété de cette Eau est de raffermir les pores, de fortifier les nerfs & la racine. En outre, si, par accident, on ne pouvoit suivre cet usage, on s'en servira le plutôt possible, & elle fera toujours son effet.

Eaux d'odeurs fines, à 20 s. le petit modele, & d'autres bouteilles à 6 l.

Eau {
- de tubéreuse.
- de Gazzia.
- de Portugal.
- de bergamote.
- de citron.
- de cédrat.
- de jasmin d'Espagne.
- de jasmin de l'Amérique.
- de fleurs d'orange.

Eau	de violette. de rose romaine. d'ambre. d'œillet. de thym. de myrrhe. de serpolet. de marjolaine. de muguet des Indes, &c.

Eau à détacher la soie, 36 s.

Eau à détacher la laine, 24 s.

Eaux d'odeurs composées, à 20 s. le petit modele, & d'autres bouteilles à 6 l.

Eau	à la dauphine. de Flore. de zéphyr. de Chypre au jasmin. de bouquet. Royale de Chypre. d'opéra. de Sultane. de miel d'Angleterre. à la Maréchale. du Roi de Prusse. de Cythere. de mille-fleurs.

Eau	de pot-pourri. de Malthe. joyeuse. suave. de Soubise. unique. de Pompadour. de cabriolet. Chinoise. divine. merveilleuse. immortelle. des Francs-Maçons. inconnue. mystérieuse, &c.

Eau de lavande distillée, en différente grandeur de bouteilles, depuis 10 s. jusqu'à 3 l.

Eau de lavande double, *idem*, depuis 24 s. jusqu'à 3 l.

Eau de lavande double à l'ambre, 24 s. à 5 l.

Dito, à la bergamote, 20 s. à 4 livres 10 s.

Dito, Royale, 20 s. à 4 liv. 10 s.

Dito, Angloise, 20 s. à 4 l. 10 s.

Eaux pour l'uſage de la Cuiſine, & Laitage, &c.

Eau de fleurs d'orange de Malthe, 6 l.
Dito, de Provence double, 3 liv. la pinte.
Eau de roſe.
Eau de cannelle.
Spiritus citris, pour la limonnade, ou pour donner le goût au vin.

Sirops en différente grandeur de bouteilles, depuis 12 ſ. juſqu'à 3 l.

Sirop de capillaire pur.
Sirop de capillaire à la fleur d'orange
Sirop d'orgeat.
Sirop de limons.
Sirop de mûre.
Sirop de violette.
Dito de framboiſe.
Sirop de groſeille.
Sirop de vinaigre à la framboiſe, pour le mal de gorge.

Sirop de guimauve pour les rhumes.

Sirop de capillaire brun, pour la toux des enfans & les rhumes opiniâtres.

Liqueurs fines d'Italie & autres, depuis 45 ſ. juſqu'à 12 l. le flacon.

Crême de Barbade.

Perſicot de Turin.

Fine orange.

Eſcubac jaune.

Huile de Vénus.

Eau de Portugal.

Eau d'angélique.

Eau de framboiſe.

Eau de mille roſes.

Eau de noyaux.

Eau d'or.

Fenouillette de Florence.

Elixir de Garus.

Huile de cannelle jaune.

Ratafiat de Neuilly.

Huile royale.

Noyaux de pêches.

Huile de vanille jaune.

Cédrat rouge.

Huile de girofle jaune.

Eau de cachou.

Eau de citron.

Huile de noyaux.

Eau divine.

Cinnamomum.

Ratafia de Grenoble.

Œillet d'Espagne.

Badiane, Anis des Indes.

Ratafiat des Princes.

Parfait Amour.

Eau de Dantzick.

Eau de vanille.

Bergamote blanches

Tubéreuse.

Jasmin.

Gazzia.

Coquette flatteuse.

Huile d'anis de Verdun.

Ratafiat de Grenoble, de Tessaire.

Le véritable Marasquin de Venise, de Zara.

Essences préparées pour faire les Liqueurs soi-même, & donner le goût au vin dans la minute.

Essence à la minure à 15 s.
- d'escubac, à 15 s.
- d'œillet.
- d'ambrette.
- de cédrat.
- de citron.
- de Portugal.
- de vanille.
- de cannelle.
- de girofle.
- des quatre épices.
- de muscade.
- de quatre fruits.
- de bergamote.
- de limette.

Huile d'anis pour faire l'anisette, 40 s.
Spiritus citris pour le vin, 20 s.

Fruits confits d'Italie, liquides en bouteilles.

Pêches.
Abricots.
Prunes de Reine Claude.
Poires de rousselet.
Chinois, &c.

Les Marchands qui ſouhaiteront avoir des Marchandiſes de ſa Fabrique de Dunkerque, auront une remiſe de 15 pour cent meilleur marché que *dans ſes autres Magaſins*. Il reçoit & expédie, par commiſſion, à Dunkerque ſeulement : les perſonnes qui ſouhaiteront lui faire adreſſer des Marchandiſes & effets, peuvent s'aſſurer d'une ponctuelle expédition pour leur destination, ſuivant les ordres des Commettans ; enfin de mériter le ſuffrage des perſonnes qui voudront bien lui accorder leur confiance.

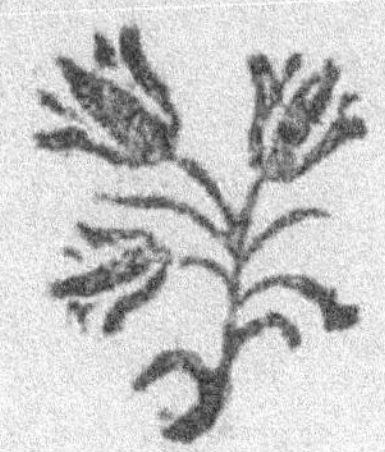

Nota. *Différentes personnes ayant profité de l'occasion des déménagemens que le Sieur LA FAYE a faits dans toutes les Villes où sont établis ses Magasins pour vendre en son nom, (ce qui lui occasionne différens reproches , par la méprise que les Domestiques font journellement,) il joint ici les différentes adresses pour la sûreté des personnes qui veulent bien l'honorer de leur préférence: il prie d'observer que son adresse de Dunkerque se trouve sur toutes ses Marchandises.*

A PARIS, rue Plâtriere, au-dessus de la grande Poste, près de l'Hôtel de Bullion.

A LILLE, vis-à-vis du grand Portail de Saint-Etienne.

A DUNKERQUE, rue du Pavillon Royal.

A GAND, ſur le Marché au Grain.

A BRUXELLES, près de la Fontaine de Steenport.

A LA HAYE, dans le Corte Pooten, vis à-vis le Parlement d'Angleterre.

A AMSTERDAM, dans le Kalverſtraat, chez Magdeleine Richard.

A SPA, dans le tems de la ſaiſon, grande rue, proche de la Redoute.

Vu & approuvé, à Paris ce 6 Octobre 1770.

Vu l'Approbation, permis d'imprimer ce 11 Octobre 1770.

DE SARTINE.

www.ingramcontent.com/pod-product-compliance
Ingram Content Group UK Ltd.
Pitfield, Milton Keynes, MK11 3LW, UK
UKHW022127170726
13837UKWH00003B/1414